KERZEN GESTALTEN

Kerzen gießen und mit
Wachsplatten verzieren

INHALT

▶ Zu den markierten Anleitungen finden Sie Videos in der Digitalen Bibliothek (siehe Umschlagklappe).

ANNETTE UND NATALIE KUNKEL

WARMER KERZENSCHEIN

Kerzen begleiten Menschen seit mehr als tausend Jahren und bringen Licht ins Dunkel.
Mit Licht verbinden wir auch heute vor allem Sicherheit und Klarheit in einer Welt, in
der viel Unsicherheit herrscht.

Die Kerze strahlt ein angenehmes Licht aus, das auf eine besondere Art natürlich warm
und beruhigend wirkt und mit ihrer Flamme lebendig scheint. So gesehen ist die Kerze
für viele ein trostspendender Begleiter in allen Lebenssituationen und eine besonders
schöne Erinnerung an persönliche Festtage.

In diesem Buch zeigen wir Ihnen, wie Sie selbst Kerzen gießen und gestalten können.
Wir haben für Sie Kerzen für alle Anlässe entworfen, die selbst Anfängern gelingen.
Viel Freude am Gestalten wünschen Ihnen

Annette Kunkel   Natalie Kunkel

MATERIALIEN

▶ VIDEO 2 UND 3

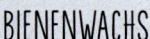

BIENENWACHS

Ist das älteste für Kerzen verwendete Material. Es hat hervorragende Brenneigenschaften, eine extrem lange Brenndauer und entwickelt beim Abbrennen einen angenehmen Duft. Aufgrund des höheren Preises wird es häufig nur als Veredelungsstoff bei der Kerzenherstellung eingesetzt. Bienenwachs klebt durch seine zähflüssige Konsistenz beim Gießen leicht an der Form fest. Daher sollten Sie Formen für den einmaligen Gebrauch bevorzugen, wie etwa Recyclingformen. Der Schmelzpunkt liegt bei 65 °C.

STEARIN

Ist ein Naturmaterial und lässt Kerzen aufgrund seiner kristallinen Struktur milchig weiß aussehen. Diese Besonderheit ist beim Einfärben vorteilhaft. Durch Stearin wird auch die Brenneigenschaft, besonders die Brenndauer der Kerze, verbessert. Aus reinem Stearin gegossene Kerzen haben eine sehr aparte Kristallstruktur. Der Schmelzpunkt liegt bei 74 °C.

SCHASCHLIKSTÄBCHEN AUS HOLZ ODER METALL

Werden zum Befestigen der Dochte in der Gießform benötigt.

FARBSTOFFE

Wachsfarben gibt es im Handel in Form von Farbstiften und Tabletten. Die Dosierung der Farbe ist auf der Verpackung angegeben. Wenn das Wachs noch flüssig ist, ist die endgültige Farbgebung der Kerze nur schwer zu erkennen. Sie können diese testen, indem Sie mit dem Löffel etwas Wachs auf einen weißen Pappuntergrund tropfen und erstarren lassen.

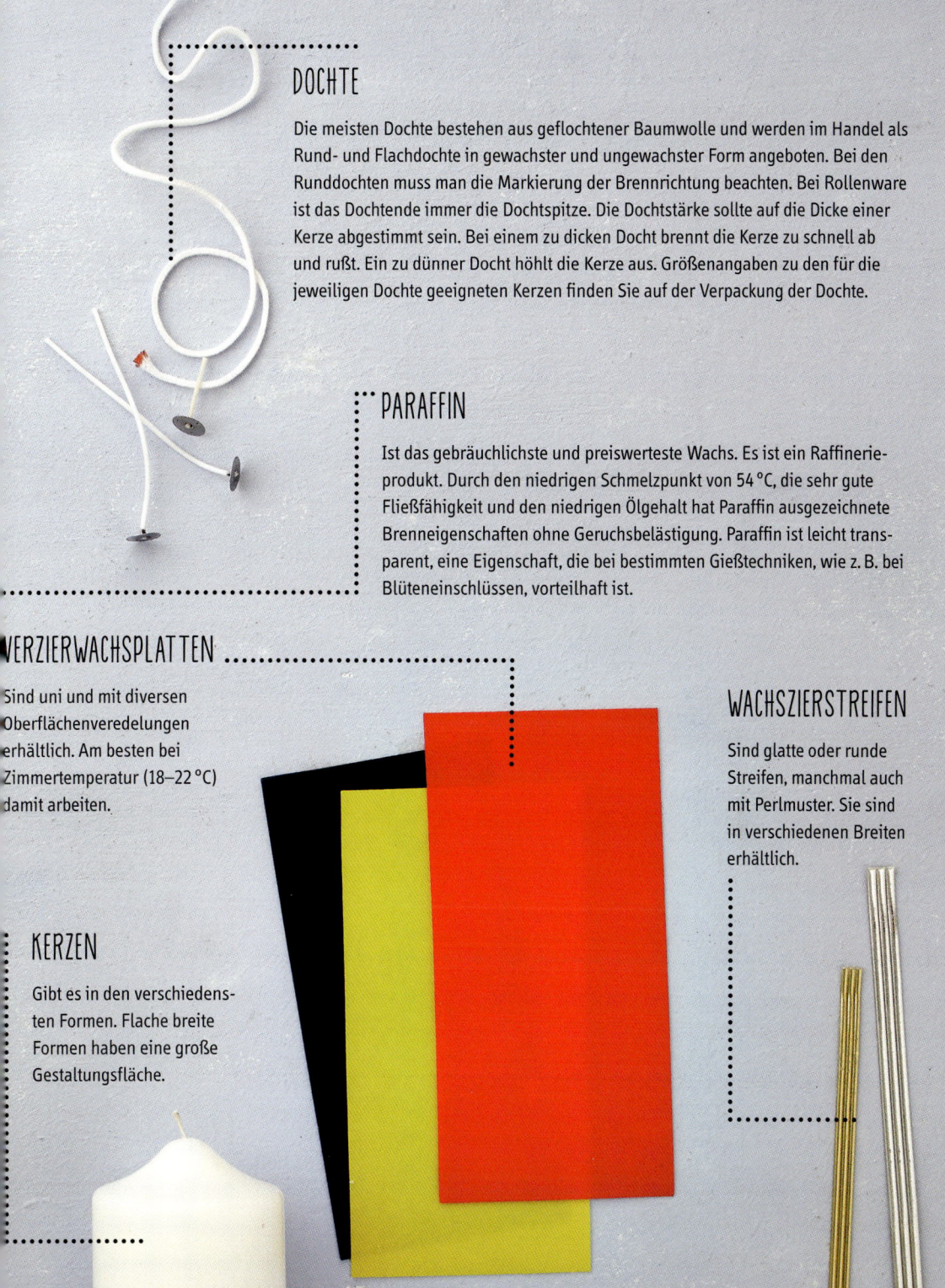

DOCHTE

Die meisten Dochte bestehen aus geflochtener Baumwolle und werden im Handel als Rund- und Flachdochte in gewachster und ungewachster Form angeboten. Bei den Runddochten muss man die Markierung der Brennrichtung beachten. Bei Rollenware ist das Dochtende immer die Dochtspitze. Die Dochtstärke sollte auf die Dicke einer Kerze abgestimmt sein. Bei einem zu dicken Docht brennt die Kerze zu schnell ab und rußt. Ein zu dünner Docht höhlt die Kerze aus. Größenangaben zu den für die jeweiligen Dochte geeigneten Kerzen finden Sie auf der Verpackung der Dochte.

PARAFFIN

Ist das gebräuchlichste und preiswerteste Wachs. Es ist ein Raffinerie-produkt. Durch den niedrigen Schmelzpunkt von 54 °C, die sehr gute Fließfähigkeit und den niedrigen Ölgehalt hat Paraffin ausgezeichnete Brenneigenschaften ohne Geruchsbelästigung. Paraffin ist leicht trans-parent, eine Eigenschaft, die bei bestimmten Gießtechniken, wie z. B. bei Blüteneinschlüssen, vorteilhaft ist.

VERZIERWACHSPLATTEN

Sind uni und mit diversen Oberflächenveredelungen erhältlich. Am besten bei Zimmertemperatur (18–22 °C) damit arbeiten.

WACHSZIERSTREIFEN

Sind glatte oder runde Streifen, manchmal auch mit Perlmuster. Sie sind in verschiedenen Breiten erhältlich.

KERZEN

Gibt es in den verschieden-sten Formen. Flache breite Formen haben eine große Gestaltungsfläche.

GRUNDANLEITUNG

SIEHE **SPICKZETTEL**

Weitere Materialien

Wachsmotive und Klebebuchstaben aus Papier Wie z. B. Wachsbuchstaben oder Ziffern, erleichtern die Arbeit erheblich. Klebeschriften gibt es in verschiedenen Schriftarten, Größen und Farben.

Wachsschreibfolie und Kugelschreiber Dienen zum Übertragen der Konturen auf Wachsplatten und Kerzen.

Cutter mit Schneidunterlage, Perforiernadel und Metalllineal Werden zum Zuschneiden der Wachsplatten benötigt. Mit Cutter und Nadel lassen sich auch kleine Motivteile lösen und platzieren.

Festes Transparentpapier, Bleistift, Nagelschere und Klebestreifen Zum Zeichnen, Zuschneiden und Fixieren von Vorlagen.

Motivstanzer Zum einfachen Ausstanzen verschiedenster Motive.

Topf, Schmelzgefäß, Thermometer und Küchenrolle Zum Schmelzen von Wachs oder Wachsresten.

Knetmasse oder Paketklebeband Zum Abdichten der Gießformen

Duftstoffe Besondere Duftöle und normale ätherische Öle können Wachs problemlos zugesetzt werden. Der Duftstoff wird vor dem Gießen in das flüssige Wachs gerührt. Verwenden Sie höchstens zehn Tropfen Öl pro Kilogramm Wachs und dosieren Sie es am besten mit einer Pipette.

VERZIEREN MIT WACHSPLATTEN
▶ VIDEO 4

Übertragen von Konturen

Ein exaktes Ergebnis erhalten Sie beim Übertragen der Konturen mit Wachsschreibfolie, die in Gold und Silber erhältlich ist. Legen Sie die Folie mit der beschichteten Seite auf die Wachsplatte oder Kerze und befestigen Sie darüber die abgepauste Vorlage. Nun die Linien mit einem Kugelschreiber und etwas Druck nachziehen und so übertragen.

TIPP Sie können die Vorlagen auch mit Transparentpapier übertragen. Dafür die Linien von der Vorlage auf das Transparentpapier abzeichnen. Das Papier wenden und auf der Rückseite alle Linien mit einem weichen, spitzen Bleistift nachziehen. Danach das Papier abermals wenden, passgenau auf die Kerze oder Wachsplatte legen und die Linien mit einem harten, spitzen Bleistift oder Kugelschreiber nachziehen. Dadurch werden die mit weichem Bleistift gezeichneten Linien von der Rückseite auf den gewünschten Untergrund übertragen. Verwenden Sie spitze Bleistifte, damit die Linien nicht zu dick sind.

Motive ausschneiden

Zum Ausschneiden von geradlinigen Hintergrundmotiven verwenden Sie am besten Cutter und Lineal. Geschwungene Motive werden mit einem Cutter oder einer Perforiernadel ausgeschnitten.

Wachsmotive ausstanzen

1 Um ein Anhaften der ausgestanzten Teile am Arbeitsgerät zu verhindern, legen Sie den Motivstanzer vor dem Benutzen ca. 10 Minuten lang in das Tiefkühlfach und die Wachsplatten vor dem Verarbeiten kurz in den Kühlschrank. **2** Zum Stanzen den Motivstanzer umdrehen, sodass die Stanzform nach oben gerichtet ist. **3** Die Wachsplatte einschieben und die Stanze betätigen. Das Motiv können Sie mithilfe eines Cutters von der Stanze ablösen.

Wachsmotive fixieren

Wachsplattenmotive werden mit Handwärme auf der Kerze fixiert. Bei der Verarbeitung von Wachs ist die Raumtemperatur von Bedeutung. Bei Kälte haftet das Wachs nicht an der Kerze.

Zierperlen und Strasssteine fixieren

Zum Fixieren von Zierperlen und Strass-steinen winzige Kügelchen aus Wachsplat-tenresten rollen und an den gewünschten Stellen andrücken. Die Steine aufsetzen und festdrücken.

WISSENSWERTES

Auf Qualität achten

Achten Sie beim Kauf auf jeden Fall auf hochwertige Qualität. Eine gute Kerze zeichnet sich durch eine lange Brenn-dauer und rußfreies Abbrennen aus.

Kerzenvielfalt

Neben den klassischen runden Kerzen gibt es inzwischen die verschiedensten ausgefallenen Formen. Diese sind ein besonderer Blickfang und lassen sich durch die oft große Gestaltungsfläche sehr schön verzieren. Sie sollten allerdings bedenken, dass auch eine ausgefallene Kerze immer in einem bestimmten Radius rund um den Docht abbrennt.

Arbeiten mit Wachsstreifen

Schmale Wachsstreifen sollten Sie zunächst paarweise abtrennen und erst dann in einzelne Schnüre teilen, um eine Überdehnung zu verhindern. Bei mehrfachen Ziereinfassungen können Sie die Wachsstreifen in einem Block abtrennen.

Beschriftungen

Für Beschriftungen können Sie Wachsbuchstaben oder Klebeschrift aus Papier verwenden. Bringen Sie Klebebuchstaben aber nur im unteren Bereich der Kerze an, damit sie nicht abbrennen können. Auch mit Wachs-zierstreifen und mit Wachsstiften lassen sich Schriftzüge aufsetzen.

Wachsplatten aufbewahren

Bewahren Sie einzelne Wachsplatten, ebenso wie Zierwachsstreifen, immer zwischen Schutzpapieren auf, sonst kleben sie rasch aneinander und werden unbrauchbar. Entfernen Sie das Schutzpapier von der Rückseite der Platte erst direkt vor dem Ausstanzen des Motivs. Bei Motiven, die Sie mit einem Cutter ausschneiden, entfernen Sie das Schutzpapier erst nach dem Ausschneiden, andernfalls kann die Wachsplatte am Arbeitsplatz haften bleiben.

KERZEN GIESSEN

SIEHE **SPICKZETTEL**

▶ VIDEO 6

Gießformen

Im Handel gibt es spezielle Gießformen aus hitzebeständigem Kunststoff. Auch Latexformen, die in großer Vielfalt angeboten werden, sind geeignet. Eine preiswerte Alternative ist die Verwendung von alubeschichteten Pappformen, die es auch in den verschiedensten Formen als Lebensmittelverpackung von Cappuccino-, Kaffee- und Kakaoinstantpulver, Müsli, Kartoffelchips usw. gibt. Geeignet sind auch Safttüten und PET-Plastikflaschen, die in dekorativen Formen angeboten werden. Bei den Plastikflaschen darf das Wachs nicht zu heiß gegossen werden, damit das Gefäß nicht schmilzt. Pappmachédosen, die in großer Formenvielfalt im Fachhandel erhältlich sind, sind ebenfalls zum Gießen geeignet.

Einschmelzen von Kerzenresten

Kerzenreste aus hochwertigen Kerzen können Sie wieder einschmelzen und zum Kerzengießen verwenden. Entfernen Sie vor dem Schmelzen den Docht und alle Rußteile. Oberflächenbehandelte Kerzen sind nicht zum Einschmelzen geeignet. Die Farbschicht ist oft aus nicht unbedenklichen Stoffen und verunreinigt beim Schmelzen das Wachs.

Vorbereitung

Arbeiten Sie am besten in der Nähe eines Elektroherdes oder einer Heizplatte und decken Sie Ihren Arbeitsplatz großzügig mit Zeitungspapier ab. Alle Arbeitsmaterialien werden bereitgestellt. Berechnen Sie die Wachsmengen für Ihre Form. Dazu wird die Gießform mit Wasser gefüllt und die benötigte Wassermenge mit einem Messbecher abgemessen. 100 ml Wasser entsprechen 90 g festem Wachs. Bevor Sie den Docht einziehen, trocknen Sie die Form wieder sorgfältig aus.

Bei einer alubeschichteten Pappform verwenden Sie den Kunststoffdeckel als Unterseite der Form. Stechen Sie zum Durchfädeln des Dochtes ein Loch in die Mitte des Kunststoffdeckels. Lebensmittelbehälter dieser Art haben oft einen Weißblechboden. Entfernen Sie diesen mit einem Dosenöffner, damit Sie eine Öffnung zum Eingießen des Wachses erhalten. Bei Pappmachéformen stechen Sie ebenso ein Loch in den Gefäßboden. Bei Plastikflaschen muss mithilfe eines Bohrers ein Loch in den Boden der Flasche gebohrt werden.

Einziehen des Dochtes in die Gießform

Schneiden Sie den Docht in der erforderlichen Länge ab. Fädeln Sie den Docht von unten so in die Kunststoffform, dass vom unteren Dochtende noch 2 cm überstehen. Dichten Sie das Loch ab, indem Sie es mit Paketband verkleben oder mit Knetmasse abdichten. Machen Sie in Höhe des Formenrandes einen Knoten und stecken Sie ein Schaschlikstäbchen hindurch. Richten Sie den Knoten mittig aus.

Das Gießen einer klassischen Kerze

Sie brauchen:

Topf, Schmelzgefäß (ideal ist ein Topf mit Eingussrille oder eine Blechdose), Stearin, Paraffin, Färbestäbchen, Thermometer

1 Der Hauptbestandteil einer klassischen Kerze ist Paraffin. Zur Verbesserung der Brenneigenschaft fügt man noch 10–20 % Stearin hinzu. Im Handel gibt es auch Wachsgranulat in dieser Mischung fertig zu kaufen. **2** Stellen Sie ein hitzefestes Gefäß, z. B. einen Blechtopf mit Griff und Eingussrille (alternativ eine Konservendose), in ein mit wenig Wasser gefülltes Gefäß. Beachten Sie, dass das Wachs bei einer niedrigeren Temperatur als 100 °C schmilzt. Daher genügt es, das Wasser nur köcheln zu lassen. Wegen seines höheren Schmelzpunktes wird grundsätzlich immer zuerst Stearin im Wasserbad geschmolzen. Geben Sie die Farbpigmente zu und rühren Sie so lange, bis sie sich gleichmäßig verteilt haben. Nun wird das Paraffinwachs zugefügt und die Schmelzmasse auf 80 °C erhitzt. Lassen Sie das Wachs 5–10 Minuten lang abkühlen. **3** Um die Farbpigmente gleichmäßig zu verteilen, rühren Sie das Wachs vor dem Eingießen in die Form noch einmal kurz um. Achten Sie beim Eingießen darauf, dass Sie die Form nur bis 1–2 cm unter den Rand füllen. **4** Damit die Luftblasen entweichen, klopfen Sie nach dem Eingießen vorsichtig an den Formenrand. Beim Abkühlen des Wachses bildet sich ein Krater, den Sie mit heißem Wachs nachfüllen müssen.

Entformen

Nachdem das Wachs vollständig ausgehärtet ist, wird der Klebestreifen auf der Unterseite der Form entfernt. Umfassen Sie das Schaschlikstäbchen und ziehen Sie die Kerze aus der Form. Einmalgießgefäße können Sie am oberen Rand einschneiden und von der Kerze abziehen.

Reinigen der Utensilien

Entfernen Sie bei sämtlichen Utensilien das Wachs. Es löst sich am besten, wenn Sie alle Geräte mit Wachsresten in sehr heißes Wasser legen. Gießen Sie dieses Wasser nach erfolgter Reinigung auf keinen Fall in den Ausguss, da sich das Wachs an den Rohren ablagert.

SICHERHEITSHINWEISE

Lassen Sie das Wachs immer im Wasserbad schmelzen. Falls es zu heiß wird und zu rauchen beginnt, bewegen Sie den Topf nicht! Falls das Wachs zu brennen beginnt, die Flammen mit einem feuchten Lappen oder dem Topfdeckel ersticken. Gießen Sie auf keinen Fall Wasser in die Flammen!

MODELLE

EDLE TAUFKERZEN

für den kleinen Erdenbürger

MOTIVHÖHE

ca. 20–22 cm

MATERIAL

KERZE MIT BLUMEN

- ► Kerze in Weiß, ø 6,5 cm, 21 cm hoch
- ► Motivstanzer „Blume", ø 1,5 cm, und „Schmetterling", 2 cm x 2 cm
- ► Wachsplatten in Hellblau, Mittelblau, Hellgrün und Silber glänzend
- ► 2 runde Wachszierstreifen in Silber, 1 mm breit
- ► je 1 Strassstein in Kristall, Hellblau, Mittelblau und Hellgrün, ø 2 mm
- ► selbstklebende Buchstaben in Silber

KERZE MIT BABY

- ► Kerze in Weiß, ø 7 cm, 21 cm hoch
- ► Motivstanzer „Blume", ø 1,5 cm, und „Herz", ø 1 cm
- ► Wachsplatten in Hellblau, Mittelblau, Hellgrün, Weiß und Hautfarben
- ► Wachszierstreifen in Silber, 2 x 1 mm breit und 3 x 2 mm breit
- ► je 4 Strasssteine in Kristall, Hellgrün und Mittelblau, ø 2 mm
- ► Folienstift in Schwarz

VORLAGEN

Seite 52

KERZE MIT FOTOTRANSFER

- ► ovale Kerze in Weiß, 7 cm breit, 20 cm hoch
- ► Blatt Druckerpapier, A4
- ► Seidenpapier
- ► Farbdrucker
- ► Klebestift
- ► Backpapier
- ► Embossing-Heißluftgerät
- ► flache Wachszierstreifen in Silber, 2 mm breit
- ► Motivstanzer „Schmetterling", 2 cm x 2 cm
- ► Wachsplatten in Hellblau und Creme

KERZE MIT BLUMEN

Die Schmetterlinge und die kleinen Blüten ausstanzen. Die große Blüte und die Blätter von der Vorlage übertragen und ausschneiden. Die Blüten werden gemäß der Vorlage fixiert. Die Wachszierstreifen als Blumenstengel aufbringen und mit Blättern versehen. Die Schmetterlinge platzieren. Zum Schluss werden die Blüten mit Strasssteinen verziert.

Hinweis: Auf Seite 16 finden Sie eine Variante dieser Kerze in Rosa- und Pinktönen.

KERZE MIT BABY

1 Einen 1,5 cm breiten Streifen in Blau und einen 2 cm breiten Streifen in Weiß im Umfang der Kerze zuschneiden. Den blauen Streifen um die Kerze legen und mit dem Silberstreifen einfassen. Den weißen Streifen oberhalb davon auflegen und seine Oberkante mit einem weiteren Wachszierstreifen umranden. Die Blüten aus den verschiedenen Wachsplatten stanzen und auf den weißen Streifen setzen.

2 Das Tuch in Hellblau zuschneiden und auf der Kerze positionieren. Den Kopf und die Füße des Babys aus den jeweiligen Wachsplatten ausschneiden und anbringen. Zuerst die Konturen der Füße legen, dann das übrige Motiv mit den Silberstreifen umranden. Die Herzen ausstanzen und auf dem Tuch verteilen.

3 Die Blüten und das Tuch wie abgebildet mit den Strasssteinen verzieren. Eine Schnur aus einem Wachsplattenrest rollen und als Schleife auf der Kerze befestigen. Die Augen und den Mund aufmalen und die Locke mit einem Zierstreifenrest legen.

KERZE MIT FOTOTRANSFER

1 Den Rand des Druckerpapiers dünn mit dem Klebestift einstreichen. Das Seidenpapier mit der glänzenden Seite nach oben auf das Druckerpapier legen und faltenfrei glattstreichen.

2 Die doppelte Papierlage in den Drucker einlegen und einen Fotodruck fertigen. Das gedruckte Fotomotiv mit einem Rand von einigen Millimetern aus dem Seidenpapier ausschneiden, auf die Kerze auflegen und an den Ecken mit ganz wenig Klebestift fixieren.

3 Das Backpapier etwa im doppelten Umfang der Kerze zuschneiden. Legen Sie das Backpapier mittig über das Motiv und fassen Sie auf der Rückseite beide Papierenden mit der linken Hand. Achten Sie dabei darauf, dass sowohl das Seidenpapier als auch das Backpapier ganz glatt um die Kerze liegen.

4 Das Motiv so lange mit dem Heißluftgerät erwärmen, bis das Wachs anfängt zu schmelzen. Das Seidenpapier wird dadurch durchtränkt. Das Backpapier nach einigen Minuten ablösen. Das Motiv mit Wachszierstreifen einfassen, die Schmetterlinge ausstanzen und positionieren.

KERZEN MIT KREUZ UND SCHUTZENGEL
für viele Gelegenheiten

MOTIVHÖHE

ca. 26,5 cm (Kerze mit Kreuz)

ca. 20 cm (Kerze mit Schutzengel)

MATERIAL

KERZE MIT KREUZ

► Kerze in Weiß, ø 7 cm, 26,5 cm hoch

► Motivstanzer „Blume", ø 1,5 cm

► Wachsplatten in Silber matt, Silber glänzend, Rosa, Pink und Hellgrün

► 3 runde Wachszierstreifen in Silber, 3 x 2 mm breit und 2 x 1 mm breit

► 16 Strasssteine in Kristall, Rosa und Hellgrün, ø 3 mm

KERZE MIT SCHUTZENGEL

► Kerze in Weiß, ø 7 cm, 22 cm hoch

► Motivstanzer „Schmetterling", 1 cm x 1 cm

► Verzierwachsplatten in Fuchsia, Creme, Hautfarben, Schwarz, Altrosa und Rosa

► 3 runde Wachszierstreifen in Silber, 1 mm breit

► Halbperlen in Weiß, 4 x ø 2 mm und 1 x ø 5 mm

► Folienstift in Schwarz und Rot

VORLAGEN

Seite 54

KERZE MIT KREUZ

1 Das Kreuz von der Vorlage übertragen und aus der Wachsplatte ausschneiden. Platzieren Sie es auf der Kerze und fassen Sie es mit den Ziersteifen in Silber ein.

2 Die Blüten aus den verschiedenen Wachsplatten ausstanzen und wie abgebildet positionieren. Die Blätter werden mit einer Nadel ausgeschnitten und aufgebracht. Die Blüten wie auf dem Foto abgebildet mit den Wachszierstreifen verbinden und mit Strasssteinen verzieren.

KERZE MIT SCHUTZENGEL

1 Das Kleid, den Kopf und die Flügel nach der Vorlage ausschneiden und auf der Kerze positionieren. Die Haarpartie und die Blume ausschneiden und platzieren. Dann wird das Gesicht aufgemalt.

2 Die Füße, die Arme und die Haarlocken mit den Wachszierstreifen legen. Die Halbperlen wie abgebildet zur Zierde aufsetzen. Die Schmetterlinge ausstanzen und wie abgebildet auf der Kerze fixieren.

> **TIPP** Statt der bunten Strasssteine können Sie auch, passend zum Kreuz in Silber, Strasssteine in Kristall verwenden.

PATENKERZEN

als Erinnerung an das große Ereignis

MOTIVHÖHE

ca. 19 cm

MATERIAL

KERZE MIT BLUMEN

- ► Kerze in Weiß, ø 6 cm, 19 cm hoch
- ► Motivstanzer „Blume", ø 1,5 cm, und „Schmetterling", 2 cm x 2 cm
- ► Verzierwachsplatten in Gold glänzend, Rosa, Fuchsia und Hellgrün
- ► 2 runde Wachszierstreifen in Gold, 1 mm breit
- ► je 1 Strassstein in Hellgrün, Rosa und Rot, ø 2 mm

VORLAGEN

Seite 52

KERZE MIT BAUM

- ► Kerze in Weiß, ø 6 cm, 19 cm hoch
- ► Motivstanzer „Baum", 5 cm hoch
- ► Verzierwachsplatten in Braun, Hellgrün, Gold glänzend, Pink irisierend und Rosa
- ► 2 runde Wachszierstreifen in Gold, 1 mm breit

KERZE MIT MOSAIKKREUZ

- ► Kerze in Weiß, ø 6 cm, 19 cm hoch
- ► Verzierwachsplatten in Hellgrün, Gelb, Goldgelb, Fuchsia und Pink
- ► Motivstanzer „Blume", ø 1,5 cm
- ► Strassstein in Transparent, ø 2 mm
- ► Schmuckstein „Quadrat" in Pink, 5 mm x 5 mm
- ► flacher Wachszierstreifen in Gold, 1 mm breit

KERZE MIT BLUMEN

Orientieren Sie sich an der Anleitung für die Kerze mit Blumen auf Seite 13.

KERZE MIT BAUM

Einen 1 cm breiten Streifen in Hellgrün im Umfang der Kerze zuschneiden und um die Kerze legen. Fassen Sie ihn mit Goldzierstreifen ein. Die Blättchen und die Schmetterlinge mit einer Nadel aus den verschiedenen Wachsplatten ausstechen und platzieren.

KERZE MIT MOSAIKKREUZ

Schneiden Sie 2 cm x 2 cm große Quadrate in den verschiedenen Farben aus und fixieren Sie sie wie abgebildet als Kreuz auf der Kerze. Das Blümchen ausstanzen, positionieren und mit dem Strassstein verzieren. Zum Schluss die Spirale legen und den Schmuckstein aufsetzen.

TIPP In einigen Gegenden ist es üblich, Patenkerzen zu fertigen. Die Paten bekommen ein kleines Duplikat der Taufkerze zur Erinnerung. Eine nette Geste ist es auch, allen bei der Tauffeier anwesenden Kindern eine kleine Kerze zu schenken. Auf dieser Seite finden Sie Abwandlungen von im Buch gezeigten Kerzen als Beispiele.

KERZEN FÜR KINDER

mit modernen christlichen Symbolen

MOTIVHÖHE

ca. 25 cm

MATERIAL

KERZE MIT REGENBOGEN UND MARIENKÄFER

► Kerze in Weiß, ø 8 cm, 25 cm hoch

► Verzierwachsplatten in Rot, Orange, Gelb, Grün, Blau, Lila und Schwarz

► runder Wachszierstreifen in Gold, 1 mm breit

KREUZ MIT HÄNDEN

► Kerze in Weiß, ø 6 cm, 25 cm hoch

► Motivstanzer „Hand", 1,5 cm x 1,5 cm

► Verzierwachsplatten in Gold geprägt, Rot, Mittelblau, Hellgrün und Gelb

► 2 runde Wachszierstreifen in Gold, 2 mm breit

KERZE „KINDER DIESER WELT"

► Kerze in Weiß, ø 8 cm, 25 cm hoch

► Verzierwachsplatten in Rot, Goldgelb, Fuchsia, Hellgrün, Mittelblau, Türkis und Lila

► Motivstanzer „Kind", 1,5 cm hoch

► runder Wachszierstreifen in Gold, 1 mm breit

► Wachsmotiv „Kelch", 3,5 cm hoch

VORLAGEN

Seite 55

KERZE MIT REGENBOGEN UND MARIENKÄFER

1 Für den Regenbogen 18 cm lange und 4 mm breite Streifen in den verschiedenen Farben zuschneiden und gemäß der Vorlage auf der Kerze fixieren. Schrägen Sie die Enden wie im Foto gezeigt ab.

2 Die Teile für den Marienkäfer gemäß der Vorlage ausschneiden und auf der Kerze zusammenfügen. Die Konturen und die Fühler wie im Foto abgebildet mit den Wachszierstreifen legen.

KREUZ MIT HÄNDEN

Das Kreuz gemäß der Vorlage ausschneiden und auf der Kerze positionieren. Die Hände aus den verschiedenen Wachsplatten ausstanzen und auf dem Kreuz platzieren. Die Strahlen werden wie abgebildet mit den Wachszierstreifen gelegt.

KERZE „KINDER DIESER WELT"

1 Den roten Kreis mit ø 5 cm und den gelben Kreis mit ø 4 cm gemäß der Vorlage ausschneiden. Den roten Kreis auf der Kerze fixieren und darüber den gelben Kreis platzieren. Das Motiv mit dem Wachszierstreifen einfassen.

2 Die Kinder in den verschiedenen Farben ausstanzen und auf der Kerze fixieren. Setzen Sie zum Schluss den Kelch wie abgebildet auf.

TIPP Die abgebildeten Kerzen lassen sich leicht abändern: Regenbogen und Kreuz können Sie, jeweils mit einem Kelch ergänzt, als Kommunionkerzenmotiv verwenden. Auf dem Motiv „Kinder dieser Welt" können Sie in der Mitte anstatt des Kelches auch eine Sonne mit Strahlen aufsetzen.

MODERN GESTALTETE KERZEN

in frischen Farben

MOTIVHÖHE

ca. 25 cm

MATERIAL

KERZE MIT PUZZLETEILEN

- ► Kerze in Weiß, ø 7 cm, 25 cm hoch
- ► Verzierwachsplatten in Grün, Mittelblau und Türkis
- ► flacher Wachszierstreifen in Silber, 1 mm breit

KERZE MIT FISCHBORDÜRE

- ► Kerze in Creme, ø 7 cm, 25 cm hoch
- ► Wachsplatte in Türkis
- ► Wachsborte mit Fischmotiv, 3 cm breit
- ► flache Wachszierstreifen in Silber, 1 x 3 mm breit und 2 x 2 mm breit
- ► 3 Strasssteine in Kristall, ø 2 mm

VORLAGEN

Seite 53

KERZE MIT PUZZLETEILEN

1 Übertragen Sie die Puzzleteile von der Vorlage auf die Wachsplatten, schneiden Sie sie mithilfe einer Nadel aus und positionieren Sie sie wie abgebildet auf der Kerze.

2 Auf jedes Puzzleteil wird mit einem Stück silbernen Wachszierstreifen eine Spirale gelegt. Schrägen Sie die Enden des Wachszierstreifens ab. Schon ist die Kerze fertig.

KERZE MIT FISCHBORDÜRE

1 Legen Sie die Wachsborte wie abgebildet um die Kerze und fassen Sie sie mit den schmalen Wachszierstreifen ein.

2 Für das Kreuz einen 11 cm langen und einen 5 cm langen, jeweils 3 mm breiten Streifen in Türkis zuschneiden. Für den Längsbalken zuerst den türkisfarbenen Streifen und danach den Wachszierstreifen in Silber legen. Darüber die beiden Streifen für den Querbalken fixieren. Dann links des Kreuzes die drei kleinen Strasssteine anbringen.

> **TIPP** Das Puzzlemotiv kann für Taufe, Kommunion und Konfirmation verwendet werden. Sie können auch andere Farbkombinationen für das Motiv verwenden.

KLASSISCHE SYMBOLE
Schiff und Kreuz

MOTIVHÖHE

ca. 25 cm

MATERIAL

KERZE MIT MOSAIKKREUZ

▶ Kerze in Weiß, ø 7 cm, 25 cm hoch

▶ Verzierwachsplatten in Hellblau, Mittelblau, Dunkelblau, Türkis und Mint

▶ 2 flache Wachszierstreifen in Silber, 3 mm breit

▶ 2 Perlwachszierstreifen in Silber, 2 mm breit

▶ 5 Schmucksteine „Quadrat" in Türkis, 5 mm x 5 mm

▶ Wachsmotiv „Kelch" in Silber, 3 cm hoch

▶ selbstklebende Buchstaben in Silber

KERZE MIT SCHIFF

▶ Kerze in Weiß, ø 6 cm, 26 cm hoch

▶ Motivstanzer „Fisch", 1,5 cm breit

▶ Verzierwachsplatten in Türkis, Blau, Braun, Goldgelb und Gold glänzend

▶ Wachsborte „Netz" in Gold

▶ flacher Wachszierstreifen in Gold, 3 mm breit

▶ runder Wachszierstreifen in Gold, 1 mm breit

VORLAGEN

Seite 56

KERZE MIT MOSAIKKREUZ

1 Zuerst den breiten Wachszierstreifen für die Markierung des Längsbalkens anbringen. Sechs Quadrate von unten beginnend entlang des Wachszierstreifens legen. Rechts und links die Quadrate für den Querbalken befestigen. Den breiten Streifen oberhalb davon als Querbalken positionieren und die übrigen Quadrate befestigen.

2 Bringen Sie zur Zierde den Perlstreifen an und fixieren Sie die Schmucksteine auf den Quadraten. Zum Schluss wird der Kelch aufgesetzt.

KERZE MIT SCHIFF

1 Den Schiffsrumpf, die Segel und die Fahne auf die jeweiligen Wachsplatten übertragen und ausschneiden. Den Schiffsrumpf positionieren. Den Mast wie abgebildet aufsetzen und die Segel und die Fahne platzieren.

2 Das Netz aus der Wachsborte ausschneiden, wie abgebildet fixieren und mit den Zierstreifen einfassen. Die Fische ausstanzen und auf der Kerze fixieren.

> **TIPP** Wir haben in der Vorlage einen Fisch gezeichnet, damit Sie sich nicht extra einen Motivstanzer für diese Kerze zulegen müssen. Daraus können Sie eine Schablone fertigen und das Motiv mit einer Nadel ausschneiden.

FISCH, KREUZ UND SONNENBLUMEN
vielseitiges Ensemble

MOTIVHÖHE

ca. 15 cm (Kerze mit Kreuz)

ca. 25 cm (Kerze mit Fisch)

ca. 22 cm (Kerze mit Sonnenblumen)

MATERIAL

KERZE MIT KREUZ

- ▶ ovale Kerze, 12,5 cm breit, 15 cm hoch
- ▶ Verzierwachsplatten in Gold matt, Mittelblau und Gelb
- ▶ 4 runde Wachszierstreifen in Gold, 1 mm breit
- ▶ Packung runde Wachszierstreifen in Regenbogenfarben, 2 mm breit

KERZE MIT FISCH

- ▶ Kerze in Weiß, ø 8 cm, 25 cm hoch
- ▶ Motivstanzer „Quadrat", 1 cm x 1 cm
- ▶ Verzierwachsplatten in Gelb, Hellgrün, Mittelblau, Königsblau und Türkis
- ▶ flacher Wachszierstreifen in Silber, 2 mm breit
- ▶ 6 Halbperlen in Weiß, ø 2 mm

KERZE MIT SONNENBLUMEN

- ▶ Kerze in Creme, ø 7 cm, 22 cm hoch
- ▶ Verzierwachsplatten in Goldgelb, Braun und Grün
- ▶ Apfelkernausstecher

VORLAGEN

Seite 57

KERZE MIT KREUZ

1 Beschichten Sie die mattgoldene Wachsplatte mit Blattmetall wie in der Anleitung auf Seite 39 (Schritt 3 und 4) beschrieben.

2 Die Teile für das Kreuz aus der vergoldeten und aus der blauen Wachsplatte ausschneiden und auf der Kerze zusammenfügen. Die Stoßkanten mit Wachszierstreifen kaschieren. Die Brücke wird gemäß der Vorlage gelegt.

3 Schneiden Sie die Sonne doppellagig zu. Die Teile auf dem Motiv aufeinander platzieren, mit Wachszierstreifen einfassen und anschließend die Strahlen legen. Die vier Regenbogenstreifen wie abgebildet anbringen.

KERZE MIT FISCH

Die Quadrate aus den verschiedenen Wachsplatten ausstanzen und in der Farbfolge wie abgebildet in drei Reihen um die Kerze legen. Den Fisch nach der Vorlage ausschneiden, auf der Kerze positionieren und mit dem Wachszierstreifen verzieren. Die Halbperlen wie abgebildet aufsetzen.

KERZE MIT SONNENBLUMEN

1 Die Blüten nach der Vorlage ausschneiden und auf der Kerze positionieren. 2 mm breite Streifen in Grün in der Länge der Platte zuschneiden und damit die Blumenstiele legen. Der überstehende Rest wird jeweils abgeschnitten.

2 Die Blätter ausschneiden und platzieren. Die Blätter mit den Resten der grünen Streifen mit dem Blumenstiel verbinden. Die braunen Kreise mit einem Apfelkernausstecher ausstechen und auf die Blütenmitten setzen.

TIPP Das Kreuzmotiv können Sie auch auf eine runde Kerze mit einem Durchmesser von 8 cm aufbringen.

DAS CHRISTLICHE SYMBOL „FISCH"
in zwei Farbvarianten

MOTIVHÖHE
ca. 15 cm (Kerze in Blau)

ca. 22 cm (Kerze in Fuchsia)

MATERIAL
KERZE IN BLAU
- ► ovale Kerze in Weiß, 13,5 cm breit, 15 cm hoch
- ► Motivstanzer „Fisch", 2,5 cm lang
- ► Verzierwachsplatten in Hellblau, Mittelblau, Silber geprägt, Silber matt und Dunkelblau
- ► Strasssteine in Kristall, 5 x ø 1 mm und 6 x ø 2 mm

KERZE IN FUCHSIA
- ► Kerze in Weiß, ø 7 cm, 22 cm hoch
- ► Motivstanzer „Fisch", 2,5 cm lang
- ► Verzierwachsplatten in Silber geprägt, Fuchsia, Silber matt, Pink und Rosa
- ► Strasssteine, 5 x ø 1 mm und 6 x ø 2 mm

VORLAGE
Seite 60

KERZE IN BLAU

Einen 3,5 cm breiten und 15 cm langen Streifen aus der Wachsplatte in Mittelblau sowie einen 3 cm breiten und 15 cm langen Streifen aus der Silber geprägten Wachsplatte zuschneiden und wie abgebildet auf der Kerze befestigen. Die Fische ausstanzen und platzieren. Zum Schluss wird das Motiv wie auf dem Foto abgebildet mit den Strasssteinen verziert.

KERZE IN FUCHSIA

Einen 2 cm breiten und 18 cm langen Streifen in Silber sowie einen 3,5 cm breiten und 16,5 cm langen Streifen in Fuchsia zuschneiden und wie abgebildet auf der Kerze fixieren. Die Fische ausstanzen und positionieren. Das Motiv wie abgebildet mit Strasssteinen verzieren.

TIPP Die Kerzen sind für Taufe, Kommunion und Konfirmation geeignet.

ELEGANTE HOCHZEITSKERZEN
mit Reliefblüten

MOTIVHÖHE

ca. 22 cm (Kerze mit Blütenherz)

ca. 15 cm (Kerze mit Blütenbordüre)

MATERIAL
KERZE MIT BLÜTENHERZ

- ► Kerze in Weiß, ø 8 cm, 22 cm hoch
- ► Motivstanzer „Blume", ø 1,5 cm
- ► Verzierwachsplatten in Elfenbein und Elfenbein irisierend
- ► 2 runde Wachszierstreifen in Gold, 2 mm breit
- ► 40 Halbperlen in Perlmutt, ø 4 mm
- ► 10 Strasssteine in Kristall, ø 4 mm
- ► Wachsmotiv „Ringe", 3 cm hoch

VORLAGE

Seite 60

KERZE MIT BLÜTENBORDÜRE

- ► ovale Kerze in Weiß, 13,5 cm breit, 15 cm hoch
- ► Motivstanzer „Blume", ø 1,5 cm
- ► Verzierwachsplatten in Elfenbein und Elfenbein irisierend
- ► 2 runde Wachszierstreifen in Gold, 2 mm breit
- ► 20 Halbperlen in Perlmutt, ø 4 mm
- ► 50 Strasssteine in Kristall, ø 4 mm
- ► Wachsmotiv „Ringe", 3 cm hoch
- ► selbstklebende Buchstaben in Gold

KERZE MIT BLÜTENHERZ

1 Das Herz nach der Vorlage aus der irisierenden Wachsplatte ausschneiden und auf der Kerze platzieren. Das Herz wird mit den Wachszierstreifen eingefasst. Stanzen Sie je nach gewünschter Dichte der Blüten etwa 40 bis 50 Blüten aus.

2 Jeweils eine Blüte positionieren und einen Strassstein oder eine Halbperle mittig fixieren und fest andrücken. Richten Sie die Blütenblätter etwas auf. Auf diese Weise werden die Blüten gleichmäßig auf dem Herz verteilt.

KERZE MIT BLÜTENBORDÜRE

Einen 4 cm breiten Streifen in der Länge der Wachsplatte ausschneiden und auf der Vorderseite der Kerze am unteren Rand fixieren. Oben und unten mit Wachszierstreifen einfassen. Je nach gewünschter Dichte der Blüten etwa 70 Blüten ausstanzen und wie oben beschrieben auf dem Untergrund fixieren.

SCHEUNENHOCHZEIT
mit Vichykaro-Muster

MOTIVHÖHE

ca. 30 cm

MATERIAL

KERZE MIT HÄNGENDEN HERZEN

- ► Kerze in Weiß, ø 8 cm, 30 cm hoch
- ► Verzierwachsplatten in Fuchsia, Pink und Rosa-Weiß kariert
- ► 2 runde Wachszierstreifen in Silber, 1 mm breit
- ► Wachsmotiv „Eheringe mit Stein" in Silber, 2,5 cm x 2,5 cm

KERZE MIT KAROHERZ

- ► Kerze in Weiß, ø 8 cm, 30 cm hoch
- ► Verzierwachsplatten in Fuchsia und Rosa-Weiß kariert
- ► Wachsborte „Netz" in Weiß
- ► 2 runde Wachszierstreifen in Weiß, 2 mm breit
- ► Wachsmotiv „Eheringe mit Stein" in Silber, 2,5 cm x 2,5 cm

VORLAGEN

Seite 58/59

KERZE MIT HÄNGENDEN HERZEN

1 Schneiden Sie einen 2,5 cm breiten Streifen aus der Platte in Fuchsia und einen 1,2 cm breiten Streifen aus der karierten Platte jeweils im Umfang der Kerze zu. Die beiden Streifen wie abgebildet übereinander um die Kerze legen.

2 Die Herzen in Fuchsia, Pink und Rosa-Weiß kariert von der Vorlage übertragen, zuschneiden und auf der Kerze positionieren. Das Karoherz wird dabei auf dem Herz in Fuchsia angebracht. Das pinkfarbene Herz mit den Wachszierstreifen einfassen.

3 Die Aufhängung der Herzen wird aus den Wachszierstreifen gelegt. Formen Sie ein Stück Zierstreifen zu einer Schleife und platzieren Sie die Schleife am Ansatz der Aufhängung auf dem Herz. Als Letztes werden die kleinen Herzen und die Eheringe befestigt.

KERZE MIT KAROHERZ

Einen 2,5 cm breiten und 18 cm langen Streifen aus der Netzborte schneiden und auf der Kerze fixieren. Die Herzen in Fuchsia und Rosa-Weiß kariert zuschneiden. Das Herz in Fuchsia platzieren und darauf das karierte Herz setzen. Das Motiv mit den weißen Wachszierstreifen umranden. Nun werden nur noch die Eheringe angebracht – fertig ist die Kerze.

> **TIPP** Elegante Varianten der abgebildeten Motive können Sie mit Uni-Farbkombinationen erzielen. Probieren Sie es doch einmal mit Weinrot-Gold oder Creme-Gold. Sie können die Kerzen natürlich auch an die Farben Ihrer Hochzeitstafel anpassen.

LEBENSBÄUME

hübsche Motive für die Hochzeit

MOTIVHÖHE

ca. 25 cm (Kerze mit Baum)

ca. 15 cm (Kerze mit Vögeln)

MATERIAL

KERZE MIT BAUM

► Kerze in Weiß, ø 7 cm, 25 cm hoch

► Verzierwachsplatten in Braun, Türkis, Petrol, Hellgrün, Dunkelgrün, Hellblau und Dunkelblau

► ca. 15 Strasssteine in Kristall, ø 1 mm

► selbstklebendes Motiv „Eheringe", 3 cm x 2 cm

► Chiffonband in Hellgrün, 4 cm breit, 50 cm lang

KERZE MIT VÖGELN

► ovale Kerze in Weiß, 13,5 cm breit, 15 cm hoch

► Verzierwachsplatten in Fuchsia, Rosa, Altrosa, Braun, Creme, Petrol, Türkis und Gold

► Wachsborte „Netz" in Gold

► 2 runde Wachszierstreifen in Gold, 1 mm breit

► flacher Wachszierstreifen in Gold, 3 mm breit

VORLAGEN

Seite 61

KERZE MIT BAUM

1 Übertragen Sie den Baum nach der Vorlage, schneiden Sie ihn aus und platzieren Sie ihn wie abgebildet auf der Kerze. Die Blätter und die Herzen in den verschiedenen Farben zuschneiden und aufbringen.

2 Verzieren Sie das Motiv wie auf dem Foto zu sehen mit kleinen Strasssteinen. Das Chiffonband um die Kerze legen und je nach Geschmack zu einer Schleife binden oder auf der Rückseite verkleben. Der überstehende Rest wird abgeschnitten.

KERZE MIT VÖGELN

1 Den unteren Kerzenrand mit einem 4 mm breiten und 18 cm langen Streifen einfassen und zusätzlich einen Wachszierstreifen an der Oberkante anbringen. Den Ast, die Einzelteile für die Vögel und das Vogelhäuschen von der Vorlage übertragen, ausschneiden und auf der Kerze fixieren.

2 Für die Aufhängung des Vogelhäuschens wird eine etwa 12 cm lange Schnur aus einem Wachsplattenrest in Fuchsia gerollt. Diese Schnur zu einer Schleife legen und auf der Kerze anbringen.

3 Die Motive wie abgebildet mit den Wachszierstreifen einfassen und verzieren. Die Blätter in den verschiedenen Farben zuschneiden und am Ast verteilen. Für den Schnabel des rosafarbenen Vogels eine kleine Raute zuschneiden. Die Raute mittig knicken und positionieren.

TIPP Eine weitere Variante der Kerze mit Baum finden Sie auf Seite 16.

ZUR SILBERNEN HOCHZEIT
edle Kerzen zum besonderen Anlass

MOTIVHÖHE

ca. 22 cm (Kerze mit silberner Ranke)

ca. 30 cm (Kerze mit silberner Manschette)

MATERIAL

KERZE MIT SILBERNER RANKE

► ovale Kerze in Weiß, 9 cm breit, 22 cm hoch

► Motivstanzer „Blume", ø 1,5 cm

► Wachsplatten in Silber geprägt, Silber matt und Creme

► runder Wachszierstreifen in Silber, 2 mm breit

► 3 Halbperlen in Creme, ø 5 mm

VORLAGE

Seite 59

KERZE MIT SILBERNER MANSCHETTE

► Kerze in Weiß, ø 7 cm, 30 cm hoch

► Verzierwachsplatte in Silber matt

► 2 Folien Blattmetall in Silber

► 2 Perlwachszierstreifen in Silber, 2 mm breit

► Wachsmotiv „Eheringe mit Stein" in Silber, 2,5 cm x 2,5 cm

► selbstklebende Buchstaben in Silber

KERZE MIT SILBERNER RANKE

1 Einen 1,8 cm breiten Streifen aus der geprägten Platte und einen 1 cm breiten Streifen aus der mattsilbernen Platte zuschneiden und auf der Kerze positionieren. Schrägen Sie mithilfe von Lineal und Cutter die Streifen am oberen Ende ab. Folgen Sie dabei dem Verlauf des oberen Kerzenrandes.

2 Legen Sie den schmalen Zierstreifen zu einer Ranke und platzieren Sie ihn versetzt über den silbernen Streifen. Die Blüten ausstanzen, auf der Ranke platzieren und mit den Halbperlen verzieren.

KERZE MIT SILBERNER MANSCHETTE

1 Versilbern Sie die Wachsplatte mit dem Blattmetall wie auf Seite 39 in Schritt 3 und 4 beschrieben.

2 Einen 7 cm breiten Streifen im Umfang der Kerze aus der versilberten Wachsplatte zuschneiden und um die Kerze legen. Die Oberkante und die Unterkante des Streifens mit den Perlwachszierstreifen einfassen. Die Eheringe anbringen und die Kerze nach Wunsch beschriften.

TIPP

Den Streifen auf der rechten Kerze können Sie auch mit einer anderen strukturierten Wachsplatte fertigen. Im Fachhandel gibt es in Gold und Silber verschiedene Varianten zur Auswahl.

EIN HALBES JAHRHUNDERT

Kerzen zur Goldenen Hochzeit

MOTIVHÖHE

ca. 20 cm

MATERIAL

KERZE MIT STRUKTURIERTEM STREIFEN

- ► ovale Kerze in Weiß, 13,5 cm breit, 20 cm hoch
- ► Verzierwachsplatte in Creme-Gold gemustert
- ► flacher Wachszierstreifen in Gold, 3 mm breit
- ► 6 Strasssteine in Kristall, ø 3 mm
- ► Wachsmotiv „Eheringe" in Gold, 3 cm x 3 cm
- ► selbstklebende Buchstaben in Gold

KERZE MIT BLUMENBORTE

- ► Kerze in Creme, ø 8 cm, 20 cm hoch
- ► Motivstanzer „Blume", ø 1,5 cm
- ► Verzierwachsplatten in Gold glänzend, Mattgold und Creme
- ► 3 runde Wachszierstreifen in Gold, 2 mm breit
- ► Wachsmotiv Eheringe mit Steinen, 2,5 cm x 2,5 cm
- ► 13 Strasssteine in Kristall, ø 3 mm
- ► selbstklebende Buchstaben in Gold

KERZE MIT STRUKTURIERTEM STREIFEN

Schneiden Sie einen 5 cm breiten und 20 cm langen Streifen aus der gemusterten Wachsplatte zu und bringen Sie ihn wie abgebildet auf der Kerze an. Den linken Rand mit einem Wachszierstreifen einfassen. Links davon wie im Foto gezeigt die Strasssteine aufsetzen. Die Eheringe positionieren und mit einem Strassstein ergänzen. Nun können Sie die Kerze noch nach Wunsch beschriften.

KERZE MIT BLUMENBORTE

1 Einen 2 cm breiten Streifen in Mattgold und einen 1,5 cm breiten Streifen in Creme jeweils im Umfang der Kerze zuschneiden. Den cremefarbenen Streifen um die Kerze legen und mit Wachszierstreifen einfassen. Den Streifen in Mattgold oberhalb davon fixieren und mit einem weiteren Wachszierstreifen umranden.

2 Die Blüten aus der glänzenden Goldfolie ausstanzen und wie abgebildet auf dem goldenen Untergrund positionieren. Die Blüten mit Strasssteinen verzieren. Die Eheringe positionieren und die Kerze nach Wunsch beschriften.

TIPP

Es gibt eine relativ große Auswahl an Wachsplatten, die nicht nur schlicht einfarbig sind, sondern sehr effektvoll veredelt wurden. Besonders beeindruckend sind Wachsplatten mit Reliefmuster oder Hologramm. Auf diese Weise können Sie ganz einfach eine Kerze verzieren.

FRIEDA
EMIL

LISA

MARTIN

VERGOLDETE KERZEN

glanzvolle Dekoration

●●●
MOTIVHÖHE

ca. 22 cm

MATERIAL

KERZE MIT DREIECKIGER GOLDFLÄCHE

► Kerze in Creme, ø 7 cm, 22 cm hoch
► Anlegemilch für Blattmetall
► 2 Folien Blattmetall in Gold
► flacher Wachszierstreifen in Gold, 3 mm breit
► Paketklebeband
► weicher Pinsel

VORLAGE

Seite 62

KERZE MIT GOLDQUADRATEN

► Kerze in Weiß, ø 7 cm, 22 cm hoch
► Verzierwachsplatten in Gold matt und Creme
► 2 Folien Blattmetall in Gold
► 2 runde Wachszierstreifen in Gold, 3 mm breit

KERZE MIT DREIECKIGER GOLDFLÄCHE

1 Grenzen Sie zunächst den Bereich, der mit Schlagmetall gestaltet werden soll, mit Klebeband ab. Dann wird die Fläche vergoldet.

2 Dazu die Anlegemilch dünn mit einem Pinsel auf die Gestaltungsfläche auftragen. Die Anlegemilch mehrmals glatt streichen, da sie auf dem Wachs leicht perlt. Lassen Sie die Anlegemilch anschließend etwa eine Stunde lang trocknen. Sie wird dabei glasklar und bleibt klebrig.

3 Das Blattmetall überlappend auflegen und mit einem weichen Pinsel in streichenden Bewegungen andrücken, bis alles haftet. Dabei das überschüssige Blattmetall abreiben. Die Reste können aufgehoben und wiederverwendet werden, um unbedeckte Partien auszubessern.

4 Nach 24 Stunden Trocknungszeit können Sie das Metall mit einem weichen Tuch polieren. Der erkennbare leichte Krakeliereffekt ist charakteristisch für diese Technik. Sollten noch unbedeckte Partien vorhanden sein, erneut partiell Anlegemilch auftragen und Blattmetall anlegen. Zum Versiegeln der Oberfläche können Sie zum Schluss noch Schutzlack auftragen.

5 Jetzt kann das Paketband vorsichtig abgezogen und die Oberkante der vergoldeten Fläche mit den Wachszierstreifen akzentuiert werden.

KERZE MIT GOLDQUADRATEN

1 Das Blattmetall auf die mattgoldene Wachsplatte auflegen. Verfahren Sie dabei, wie zuvor in Schritt 3 und 4 beschrieben. Das Blattmetall haftet ohne Anlegemilch auf der Wachsplatte (daher entfällt auch die Trocknungszeit).

2 Zwei 1,2 cm breite Streifen aus der vergoldeten Wachsplatte und einen 4 cm breiten Streifen aus der cremefarbenen Wachsplatte im Umfang der Kerze zuschneiden und wie abgebildet um die Kerze legen.

3 Acht 2 cm x 2 cm große Quadrate in Gold zuschneiden und wie abgebildet auf dem cremefarbenen Untergrund fixieren. Die Oberkante und die Unterkante der Borte mit den Goldstreifen einfassen.

GEBURTSTAGSKERZEN
schlicht und schön

MOTIVHÖHE

ca. 20 cm (Rechteckige Kerze)

ca. 25 cm (Runde Kerze)

MATERIAL

RECHTECKIGE KERZE

► rechteckige Kerze in Weiß,
8,5 cm breit, 20 cm hoch

► Verzierwachsplatten in Mint, Petrol
und Silber geprägt

► 4 Strasssteine in Kristall, ø 2 mm

► 5 Strassblüten in Kristall, ø 1,5 cm

RUNDE KERZE

► Kerze in Weiß, ø 6 cm, 25 cm hoch

► Motivstanzer „Blüte", ø 2 cm

► Verzierwachsplatten in Mint, Petrol
und Silber geprägt

► 5 Strasssteine in Kristall, ø 4 mm

VORLAGE

Seite 63

RECHTECKIGE KERZE

1 Jeweils einen 16,5 cm langen und
2 cm breiten Streifen in Mint und in
Silber und einen 2,5 cm breiten Streifen in Petrol zuschneiden.

2 Die Streifen wie abgebildet auf der
Kerze fixieren. Die Strasssteine und
-blüten auf dem Untergrund in Petrol
festkleben.

RUNDE KERZE

1 Einen 3,5 cm breiten und 20 cm langen Streifen in Mint zuschneiden und
auf der Kerze anbringen. Einen 3 mm
breiten Streifen aus der silbernen
Wachsplatte zuschneiden und damit
den rechten Rand des Wachsstreifens
in Mint einfassen.

2 Schneiden Sie fünf 2 cm x 2 cm
große Quadrate in Petrol zu und positionieren Sie sie wie in der Abbildung
zu sehen. Dann die Blüten ausstanzen
und mittig auf den Quadraten anbringen. Zum Schluss werden die Blüten
mit Strasssteinen verziert.

TIPPS

Die Farbkombination der Wachsplatten können Sie passend
zur Festtagstafel wählen.

Wenn Sie das Motiv der linken Kerze auf einer runden Kerze
mit größerem Durchmesser umsetzen möchten, können Sie
den Silberstreifen entsprechend verbreitern.

KERZEN MIT TROCKENBLUMEN
in der Transfertechnik

● ● ○

MOTIVHÖHE
ca. 20 cm

MATERIAL

- ► Kerze in Weiß, ø 7 cm, 20 cm hoch
- ► ovale Kerze in Weiß, 7 cm breit, 20 cm hoch
- ► getrocknete Blüten (z. B. Edelgeranien, Hortensien, Stiefmütterchen)
- ► Backpapier
- ► Klebestift
- ► Embossing-Heißluftgerät (aus dem Bastelfachhandel)

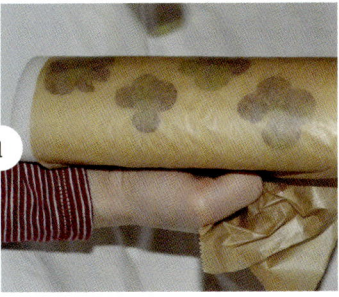

1 Das Backpapier im Umfang der Kerze plus 10 cm zuschneiden. Ganz wenig Klebstoff mit dem Klebestift auf der Kerze auftragen und die Blüten auf der Kerze positionieren. Das Backpapier um die Kerze legen und beide Enden mit der linken Hand fassen. Achten Sie darauf, dass sowohl die Blüten als auch das Backpapier ganz glatt um die Kerze gelegt sind.

2 Die Kerze an der Stelle, wo sich die Blüte befindet, mit dem Heißluftgerät so lange erwärmen, bis das Wachs anfängt zu schmelzen und dadurch von der Trockenblume aufgesaugt wird. Auf diese Weise werden die Blüten auf der Kerze fixieren. Erwärmen Sie die Kerze jedoch nicht zu lange, damit sich die Oberfläche nicht verformt. Zum Schluss das Backpapier vorsichtig abziehen.

TIPP Probieren Sie diese Technik erst auf einer alten Kerze aus. Wenn Sie ein Gefühl für die Technik entwickelt haben, wagen Sie sich an Ihr eigenes Modell.

BUNTE SCHICHTKERZEN
raffiniert gegossen

MOTIVHÖHE

ca. 16–25 cm

MATERIAL

- ► alubeschichtete Pappdose
  (z. B. Müslidose oder Safttüte)
- ► Dochte in entsprechender Stärke
  (siehe Grundanleitung)
- ► Wachsgranulat
- ► Färbestäbchen in unterschiedlichen Farben
- ► ggf. Schüssel
- ► ggf. Sand

1 Diese Kerzen sind aus mehreren Wachsschichten aufgebaut, die nacheinander in die Formen gegossen werden.

2 Bei der roten Kerze steht die Form aufrecht. Ziehen Sie den Docht in die Form ein wie auf dem Foto abgebildet und in der Grundanleitung auf Seite 9 beschrieben. Dichten Sie wie abgebildet das gestochene Loch ab, damit das flüssige Wachs nicht auslaufen kann. Achten Sie darauf, dass die vorherige Schicht ausgehärtet ist, bevor Sie die nächste Schicht gießen. Dies können Sie mit einem Schaschlikstäbchen prüfen. Nach dem vollständigen Aushärten der Kerze die Gießform entfernen.

3 Die asymmetrischen Streifen der bunten Kerze und der Kerze im Glas entstehen, indem Sie die Form nach jeder Schicht in eine andere Richtung kippen. Auch hier wird der Docht wie in der Grundanleitung auf Seite 9 beschrieben in die Form eingezogen.

4 Achten Sie beim Gießen von schrägen Schichten darauf, dass die Form sicher steht und nicht umkippen kann. Verwenden Sie dazu am besten eine mit

Sand gefüllte Schüssel. Nach dem Erkalten der ersten Schicht die Form in die entgegengesetzte Richtung kippen und die nächste Wachsschicht eingießen.

5 Bei der Kerze in Blau-Violett-Tönen liegt die Form waagerecht auf einem ebenen Untergrund. Für diese Kerze wurde eine Safttüte als Gießform verwendet. Schneiden Sie wie im Foto zu sehen eine Öffnung in die Seitenwand der Safttüte. Ein Loch mittig in den Boden der Form und ein Loch oben direkt neben die Schweißnaht einstechen. Den Docht von unten nach oben einziehen und den überstehenden Rest mit Klebestreifen oder Paketband festkleben. Die gestochenen Löcher mit Paketband abdichten, damit das flüssige Wachs nicht auslaufen kann.

6 Nun werden nach und nach die Wachsschichten durch das Loch in der Seitenwand der Safttüte gegossen. Achten Sie darauf, dass die vorherige Schicht gehärtet ist, bevor Sie die nächste Schicht gießen. Dies können Sie mit einem Schaschlikstäbchen prüfen. Nach dem vollständigen Aushärten der Kerze die Gießform entfernen.

2a   2b   5

KERZEN IN EINMACHGLÄSERN
mit besonderer Dekoration

MOTIVHÖHE
ca. 11 cm

MATERIAL

► Einmachgläser in verschiedenen Formen, ca. ø 7 cm, ca. 11 cm hoch

► Dochte mit Standplättchen

► Wachsgranulat

► Holzleim

► Trockenblumen

► Zuckerstreusel

► Bast oder Häkelborte

1 Für die Trockenblumenkerze die Trockenblumen auf der Vorderseite dünn mit Holzleim einpinseln und an der Innenwand des Glases festkleben. Wie auf den Arbeitsschrittfotos zu sehen für die Zuckerstreuselkerze die Innenwand des Glases deckend mit Holzleim einpinseln. Die Streusel einfüllen. Das Glas verschließen und schütteln, damit die Streusel gleichmäßig an der Glaswand haften bleiben.

2 Bei allen Gläsern den Leim so lange trocknen lassen, bis er klar durchscheint. Entfernen Sie nach dem Trocknen die nicht haftenden Zuckerstreusel, indem Sie das Glas kopfüber auf einen weichen Gegenstand, z. B. ein Handtuch, klopfen.

3 Tragen Sie Klebstoff auf das Dochtstandplättchen auf und kleben Sie den Docht mittig auf dem Glasboden fest. Den über den Glasrand überstehenden Docht mit Klebestreifen oder Paketband an einem Schaschlikstäbchen fixieren. Das Wachs schmelzen und in das Glas einfüllen. Nach dem Erhärten noch einmal flüssiges Wachs nachfüllen.

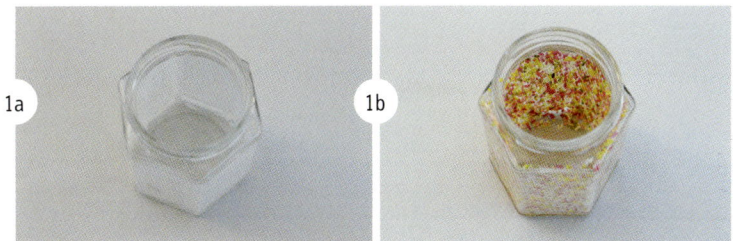

TIPP Lavendel wird kopfüber aufgehängt in einem dunklen Raum getrocknet. Die anderen Blüten legt man flach zwischen zwei Lagen Papier und beschwert sie, zum Beispiel mit einem Katalog, um sie zu pressen.

FORMSCHÖN

in PET-Flaschen gegossene Kerzen

MOTIVHÖHE

ca. 20–25 cm

MATERIAL

BLAUE KERZEN

► PET-Flaschen in verschiedenen Formen
► Docht
► Paketklebeband
► Wachsgranulat
► Färbemittel
► Bohrer, ø 3 mm

MEHRDOCHTKERZE IN HERZFORM

► Pappmachédose in Herzform, 12 cm x 12 cm, 6 cm hoch
► Dochte in entsprechender Größe
► Paketklebeband
► 3 Schaschlikstäbchen
► Wachsgranulat
► Färbemittel

1 Die Flaschen in gewünschter Höhe abschneiden. Jeweils ein Loch in die Mitte des Flaschenbodens bohren und den Docht einziehen wie in der Anleitung auf Seite 9 beschrieben. Bei den Kerzen unten wird der Docht in umgekehrter Richtung eingezogen. Wenden Sie die Kerze nach dem Lösen aus der Form. Die dekorative Flaschenbodenabformung bildet dann die Oberseite der Kerze.

2 Den am Flaschenboden überstehenden Docht mit Paketband überkleben, sodass das flüssige Wachs beim Gießen nicht auslaufen kann. Das geschmolzene Wachs einfüllen. Nach dem Erhärten noch einmal Wachs nachfüllen. Sobald die Kerze abgekühlt und erstarrt ist, die Plastikwand mit einem Cutter einschneiden und die Flasche von der Kerze abziehen.

Hinweis PET-Flaschen können schmelzen, wenn Sie das Wachs zu heiß einfüllen. Das Wachs darf auf keinen Fall heißer als 60 °C sein. Wenn Sie kein Thermometer zur Hand haben, können Sie das Wachs abkühlen lassen, bis ein hauchdünnes Häutchen auf der Oberfläche erscheint.

MEHRDOCHTKERZE IN HERZFORM

1 Beachten Sie bei der Wahl der Dochtgröße und des Abstands der Dochte zueinander den Brennradius der einzelnen Dochte. Stechen Sie die Löcher in den Boden der Form und ziehen Sie die Dochte ein. Fixieren Sie die Dochte wie abgebildet an den Schaschlikstäbchen.

2 Schmelzen Sie das Wachs zusammen mit dem Färbemittel nach der Anleitung von Seite 9 und gießen Sie es in die Form. Nach dem Erkalten bei Bedarf noch einmal Wachs nachgießen. Sobald die Kerze durchgehärtet ist, den Formenrand einschneiden und die Pappe von der Kerze abziehen.

1

STERNENHIMMEL UND BLUMENWIESE
mit eingegossenen Wachsmotiven

MOTIVHÖHE
ca. 30 cm

MATERIAL

- ▶ alubeschichtete Pappdose, ø 8,5 cm, ca. 30 cm hoch
- ▶ Plätzchenausstechformen „Stern" und „Blume", ø 3 cm
- ▶ Apfelkernausstecher
- ▶ Verzierwachsplatten in Goldgelb, Pink und Flieder
- ▶ Wachsgranulat
- ▶ Färbemittel
- ▶ Docht in entsprechender Größe
- ▶ Schaschlikstäbchen

STERNENHIMMEL

1 Mittig ein Loch in den Boden der Form stechen. Die Sterne aus den gelben Wachsplatten ausstechen. Jeweils zwei Sterne aufeinanderlegen, damit die Sterne später nicht durchscheinen. Die Sterne mit der Wärme Ihrer Hände an der mit Aluminium beschichteten Innenwand der Dose befestigen. Dann vorsichtig den Docht einziehen.

2 Das Wachs schmelzen, auf 60 °C abkühlen lassen und vorsichtig in die Form gießen. Nach dem Erhärten noch einmal Wachs nachgießen. Sobald die Kerze fertig ist, die Pappe am oberen Rand einschneiden und die Form von der Kerze ziehen.

BLUMENWIESE

Die Kerze wird wie links beschrieben gefertigt. Bei den Blumen können Sie die Blütenmitten mit einem Apfelkernausstecher ausstechen und den ausgestochenen Kreis jeweils in eine andersfarbige Blüte einsetzen.

TIPP Plätzchenausstecher gibt es in einer beeindruckenden Vielfalt. Der Fachhandel bietet für jede Gelegenheit einen passenden Ausstecher. Lassen Sie sich also inspirieren und gestalten Sie Ihre ganz individuelle Kerze.

VORLAGEN

Edle Taufkerzen
Seite 12/13

Patenkerzen
Seite 16/17

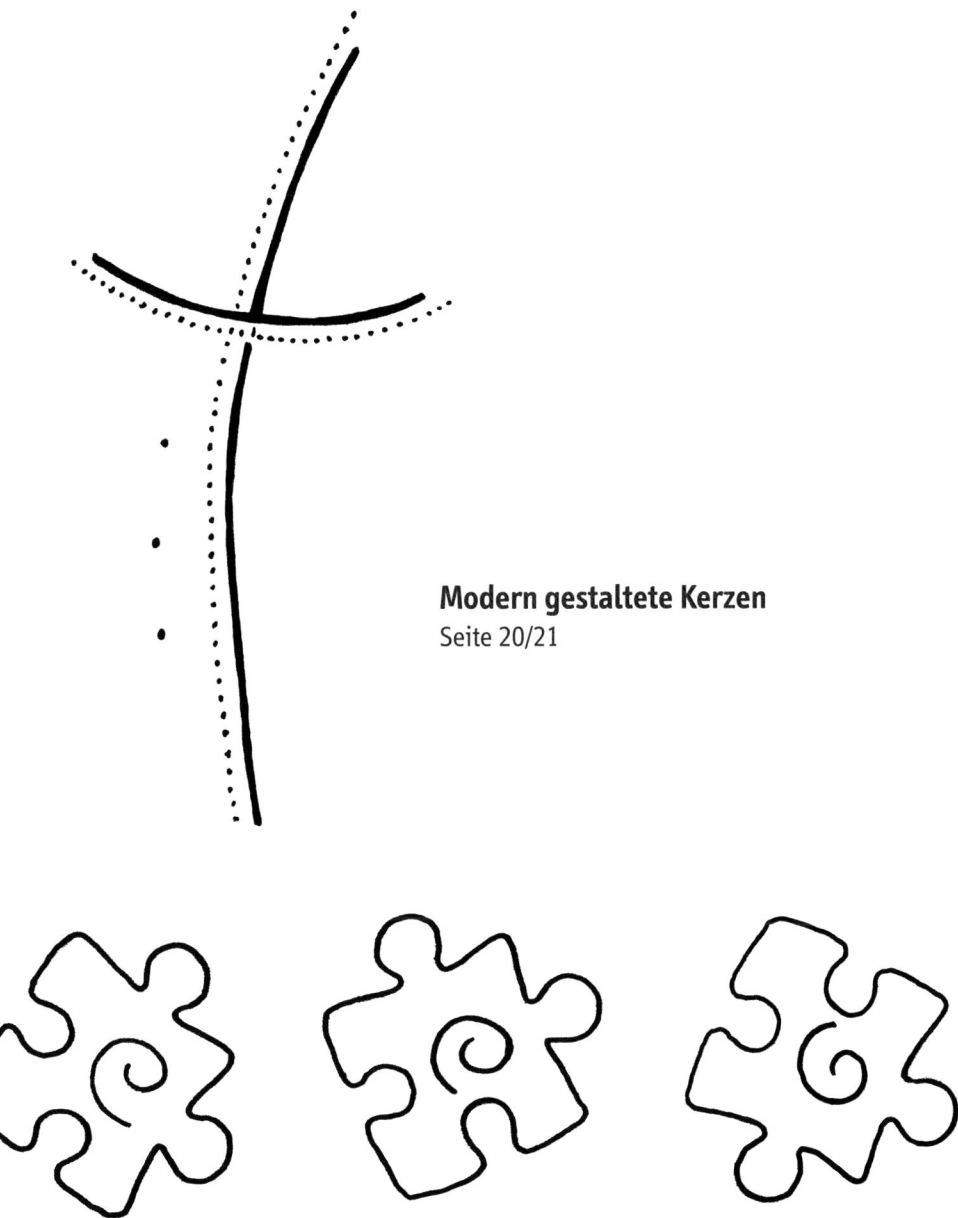

Modern gestaltete Kerzen
Seite 20/21

Kerzen mit Kreuz und Schutzengel

Seite 14/15

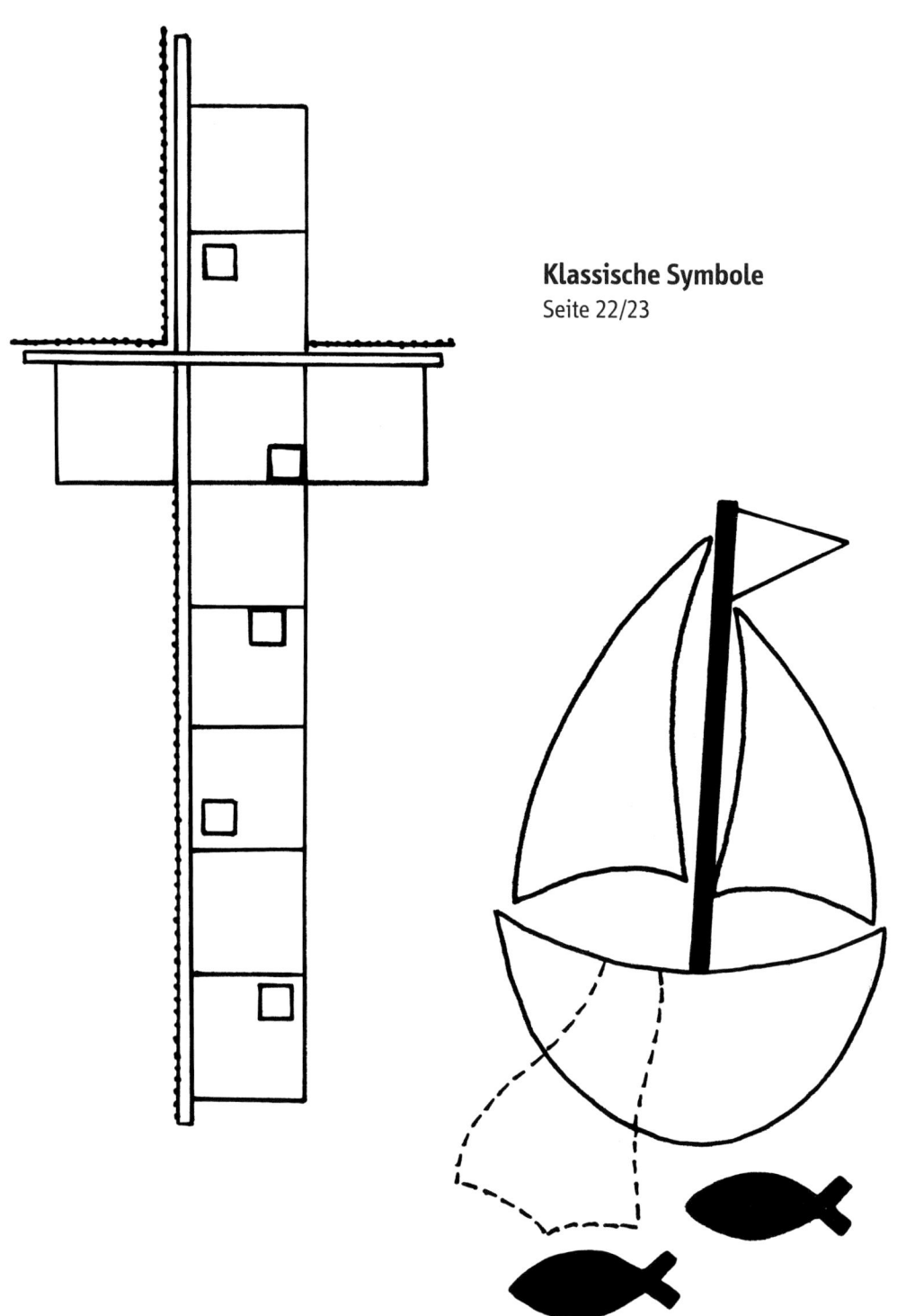

Klassische Symbole
Seite 22/23

Fisch, Kreuz und Sonnenblumen
Seite 24/25

Scheunenhochzeit
Seite 30/31

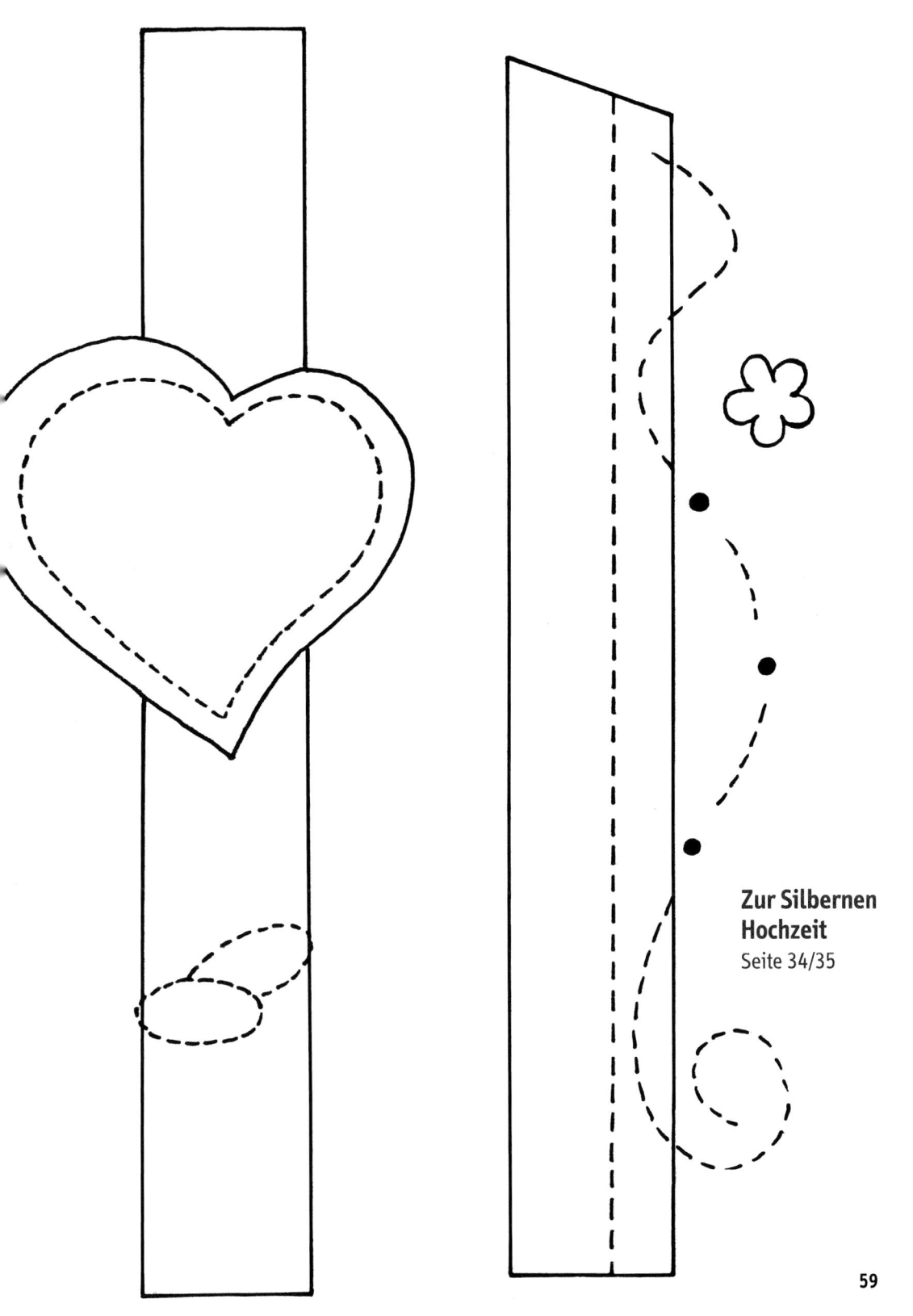

Zur Silbernen Hochzeit
Seite 34/35

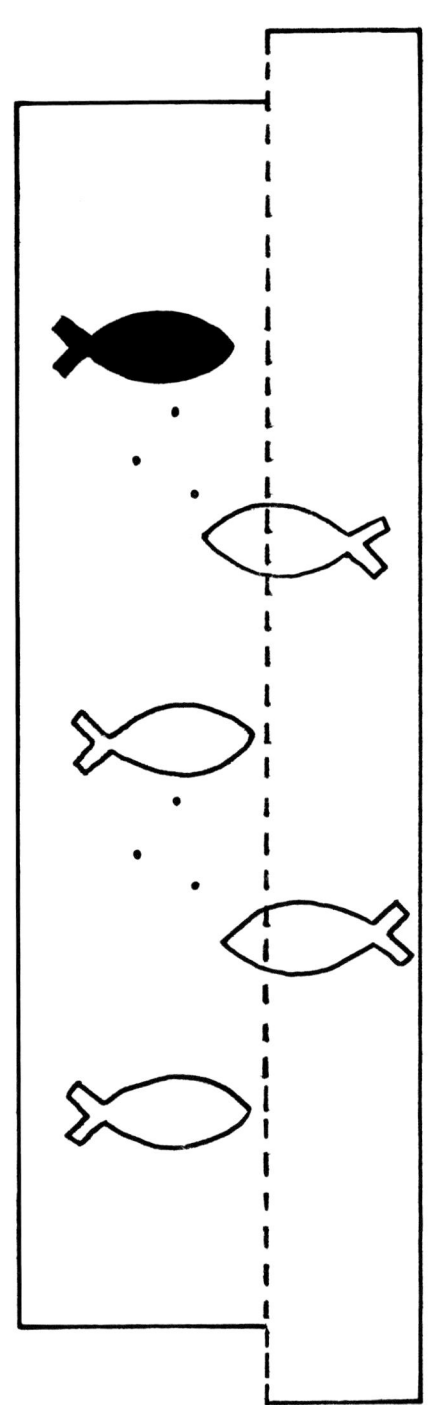

Das christliche Symbol „Fisch"
Seite 26/27

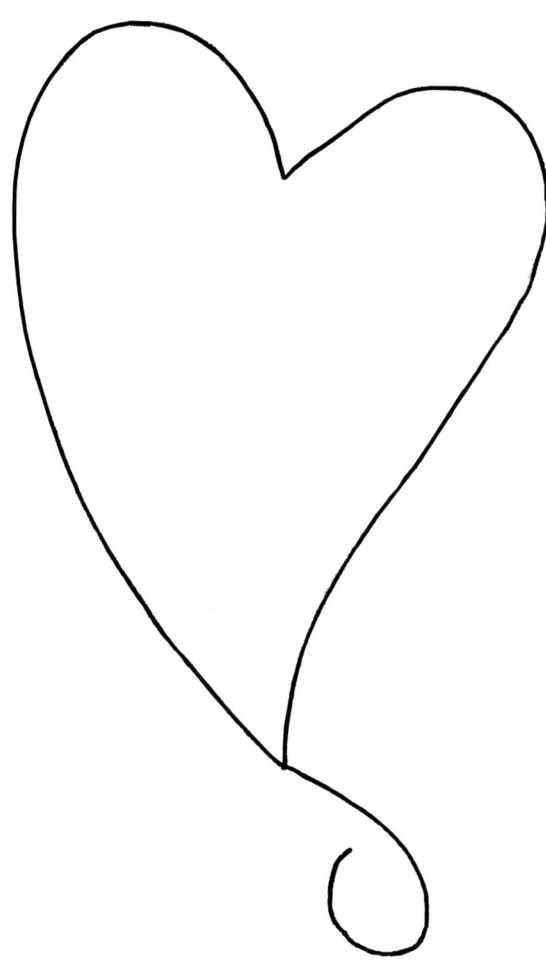

Elegante Hochzeitskerzen
Seite 28/29

Lebensbäume
Seite 32/33

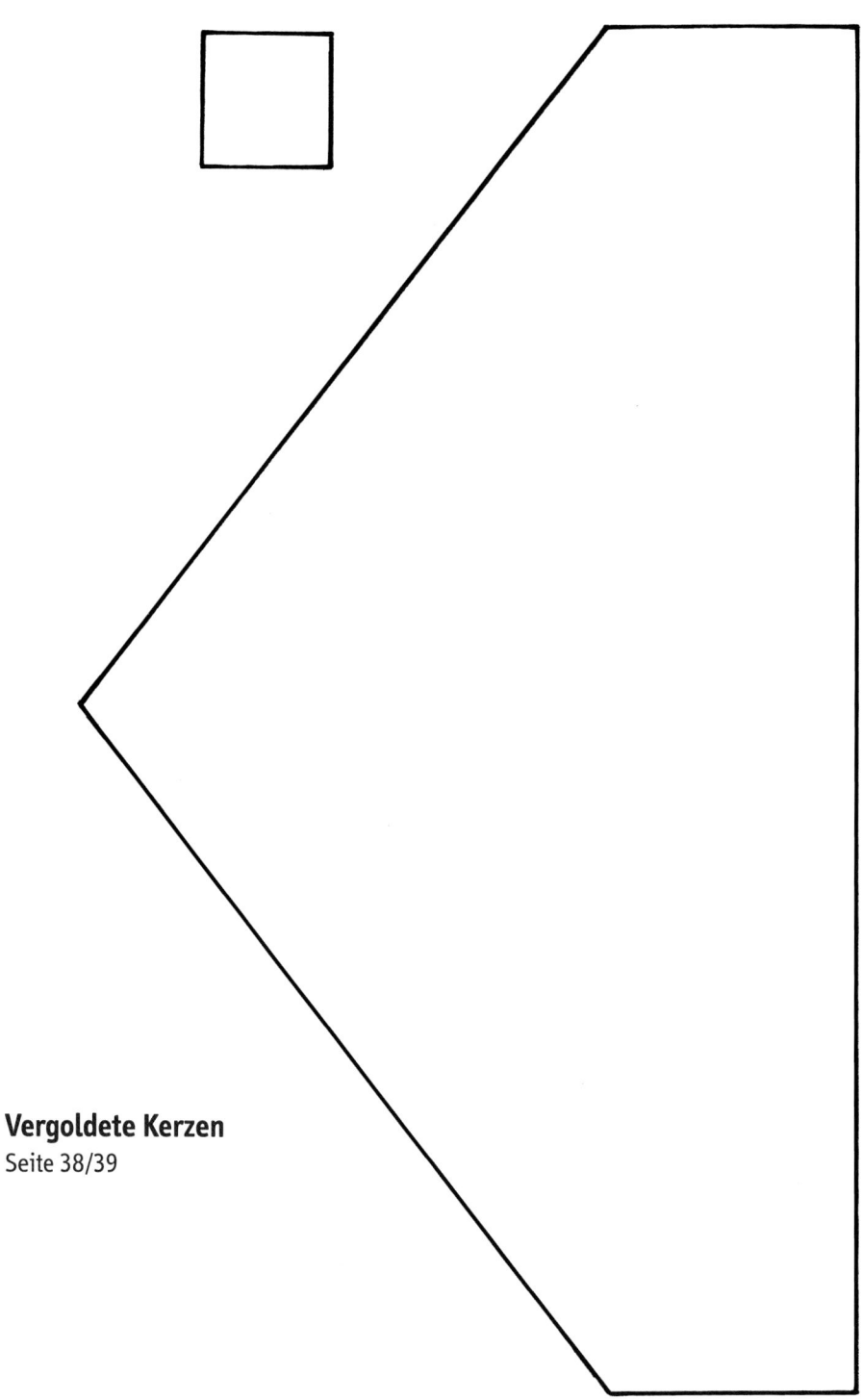

Vergoldete Kerzen
Seite 38/39

Geburtstagskerzen
Seite 40/41

DIE AUTORINNEN

ANNETTE UND NATALIE KUNKEL

2001 wurde unser erstes gemeinsames Buch im frechverlag veröffentlicht. Seitdem haben wir einige erfolg-
reiche Bücher zu verschiedenen Themen gemacht. Die
Faszination, schöne Dinge zu gestalten, und die hand-
werkliche Begabung, die wir gemeinsam haben, ergänzen
sich mit unseren unterschiedlichen Stilrichtungen und
Vorlieben. Das sind die idealen Voraussetzungen für unsere Mutter-Tochter-Teamarbeit. Bei diesem Kerzenbuch
konnte Natalie, die vorwiegend den stilistischen Teil des
Buchprojektes übernommen hat, die Kenntnisse aus ihrer
religionspädagogischen Ausbildung mit einbringen.

WIR SIND FÜR SIE DA!
Bei Fragen zu unserem umfangreichen Programm oder An-
regungen freuen wir uns über Ihren Anruf oder Ihre Post.
Loben Sie uns, aber scheuen Sie sich auch nicht, Ihre Kritik
mitzuteilen – sie hilft uns, ständig besser zu werden.

Das Produktmanagement erreichen Sie unter:
pm@frechverlag.de

oder: frechverlag
Produktmanagement
Turbinenstraße 7
70499 Stuttgart
Telefon 07 11 / 8 30 86 68

LERNEN SIE UNS BESSER KENNEN!
Fragen Sie Ihren Hobbyfach- oder Buchhändler nach unserem kostenlosen Magazin Meine kreative Welt. Darin entdecken Sie dreimal im Jahr die neuesten Kreativtrends und
interessantesten Buchneuheiten.

Oder besuchen Sie uns im Internet! Unter www.topp-krea-
tiv.de können Sie sich über unser umfangreiches Buchpro-
gramm informieren, unsere Autoren kennenlernen sowie
aktuelle Highlights und neue Kreativtechniken entdecken,
kurz – die ganze Welt der Kreativität.

Kreativ immer up to date sind Sie mit unserem monatlichen
Newsletter mit den aktuellsten News aus dem frechverlag,
Gratis-Anleitungen und attraktiven Gewinnspielen.

IMPRESSUM

FOTOS: frechverlag GmbH, Turbinenstraße 7, 70499 Stuttgart; Anke Platow (Arbeitsschrittbilder Seite 9 Mitte); Annette und
Natalie Kunkel (alle übrigen Arbeitsschrittbilder); fotolia (S. 8u © maerzkind); lichtpunkt, Michael Ruder, Stuttgart (alle
übrigen)
PRODUKTMANAGEMENT: Katrin Hartmann
LEKTORAT: Susanne Dubbers
UMSCHLAG-DESIGN UND INNENLAYOUT: independent Medien-Design Horst Moser, München
SATZ: Arnold & Domnick, Leipzig
DRUCK UND BINDUNG: GPS Group GmbH, Österreich

3. Auflage 2021

© 2017 frechverlag GmbH, Turbinenstraße 7, 70499 Stuttgart

ISBN 978-3-7724-8196-3 • Best.-Nr. 8196